Birgit Hock

ELTERN FÖRDERN IHRE KINDER

So fällt's leichter!

Konzentrationsübungen

Klett velber

Für Eltern

Für Kinder

Konzentration – Was ist das eigentlich?

Seit geraumer Zeit schon dringt kein Laut, kein Mucks mehr aus dem Kinderzimmer. Plötzlich nehmen wir Eltern die ungewöhnliche Stille wahr. Es wird Zeit nachzusehen, was sich im Kinderzimmer tut! Dabei macht jede Mutter, jeder Vater immer wieder die Erfahrung: Es gibt keinen Grund zur Beunruhigung, das Kind stellt nichts an, im Gegenteil – der Nachwuchs ist völlig in sein Spiel vertieft und nimmt den elterlichen Betrachter überhaupt nicht zur Kenntnis. Zum Glück! Denn egal, ob der kleine Samuel gerade mit Papierfetzen, Malstiften und Klebstoff hantiert, Annika das Schloss aus bunten Bausteinen neu erbaut oder Lilly über ihren Eisenbahnschienen tüftelt – wer seinem Kind in einem solchen Moment einen Gefallen tun möchte, der zieht sich am besten unauffällig zurück und überlässt es seinem Spiel.

DAS GEHEIMNIS EINER GUTEN KONZENTRATION

Keine Unterbrechung hat jetzt eine Berechtigung, keine Frage ist angebracht, und auch für ein Lob ist gerade nicht der passende Moment.

Wer ein Kind beobachtet, das sich ganz versunken seinem Spiel widmet, der ist dem Geheimnis einer guten Konzentrationsfähigkeit auch schon auf der Spur.
Sich konzentrieren heißt, seine ganze Aufmerksamkeit, alle geistigen Kräfte, sämtliche Überlegungen und Anstrengungen auf eine ganz bestimmte Tätigkeit zu richten. Es bedeutet, sich so in eine Sache zu vertiefen, dass Ablenkendes und Störendes überhaupt nicht wahrgenommen wird. Die Umwelt verliert eine Zeit lang an Bedeutung.

KONTAKTE ERWEITERN GRENZEN!

Sorgen Sie dafür, dass Ihr Kind nicht nur ausreichend Kontakt zu Gleichaltrigen hat, sondern ermöglichen Sie ihm auch immer wieder Kontakt zu älteren und jüngeren Spielkameraden.
Ältere Kinder können sich länger konzentrieren und bieten Ihrem Kind den Anreiz, mithalten zu wollen. Jüngere Spielkameraden nehmen sich ein Beispiel an Ihrem Kind, das die Stellung des „Größeren" genießt. In dieser Rolle des Vorbilds erweitert Ihr Kind seine Grenzen und steigert seine Leistungsbereitschaft. Von einer gemischten Altersstruktur profitieren also immer alle Kinder!

DIE ZWEI PHASEN DER KONZENTRATION

Die kleinen Menschen in unseren Beispielen auf Seite 4 handeln jeweils aus eigenem, innerem Antrieb und aus Begeisterung für die Sache an sich. Die Kinder sind völlig in ihr Spiel vertieft und dabei zugleich äußerst konzentriert. Spaß und Interesse stehen im Vordergrund ihrer Beschäftigung mit einer Sache.

Die erste Phase

Motivation entsteht aus dem Erlebnis, etwas aus eigener Kraft geschafft zu haben.

In einer solchen ersten Phase einer konzentrierten Beschäftigung erlebt man zunächst eine innere Befriedigung. Später dann empfindet man Freude darüber, ein Ziel erreicht zu haben. Genau diese innere Befriedigung sowie das Erleben, aus eigener Kraft zu einem Ergebnis gekommen zu sein, erzeugt im Menschen ein Hochgefühl. Und dieses bringt eine tragfähige und dauerhafte Motivationsgrundlage für die weitere intensive und somit konzentrierte Beschäftigung mit einer Sache mit sich.

Die zweite Phase

Der ersten Phase höchster beziehungsweise äußerster Konzentration folgt immer eine Phase nachlassender Konzentration. In dieser zweiten Phase lenken die Geschehnisse in der Umgebung zunehmend ab und gewinnen an Bedeutung.
Für den Alltag mit Kindern heißt das: Jetzt ist der Zeitpunkt gekommen, das Kind für das zu loben, was es geleistet hat. Nehmen Sie seine

Anstrengungen und Bemühungen zur Kenntnis und äußern Sie Ihre Freude über die Leistung (sprich: das Konzentrationsvermögen) Ihres Kindes auch!
Ermuntern Sie Ihr Kind, zum Beispiel das Bausteinschloss um einen Anbau oder das Schienennetz der Eisenbahn um eine Nebenstrecke zu erweitern. Oder bieten Sie ihm eine andere, angemessene Anregung, sich weiterhin der gleichen Sache beziehungsweise dem gleichen Spiel zu widmen. So können Sie ganz nebenbei auch das Durchhaltevermögen Ihres Kindes spielerisch fördern. Und so nutzen Sie auch diese zweite Phase der nachlassenden Konzentration, um die Fähigkeiten Ihres Kindes zu trainieren! Auf diese Weise erfährt Ihr Kind außerdem eine Wertschätzung dessen, was es getan und geleistet hat. Daran kann es sich in Zukunft orientieren, wenn es wieder einmal etwas leisten möchte oder muss.

KONZENTRATION VON GANZ ALLEIN

Jüngere Kinder vertiefen sich recht häufig in ein Spiel, die Konzentration auf eine Sache gelingt ihnen oft von ganz allein – zunächst selbstverständlich dort, wo auch die Interessen und Vorlieben des Kindes liegen: beim Basteln, beim Spiel mit Bausteinen oder mit der heiß geliebten Eisenbahn. Wenn Sie Ihr Kind in solchen Momenten gewähren lassen, dann legen Sie damit schon einen wesentlichen Grundstein für ein gutes Konzentrationsvermögen, die Basis für eine Fähigkeit, die das lebenslange Lernen deutlich erleichtert.

Warum ist eine gute Konzentration so wichtig?

Egal, ob wir ein Mittagessen kochen, Auto fahren oder uns im beruflichen Alltag den Herausforderungen stellen – wenn wir uns auf eine Sache konzentrieren, dann gelangen wir schneller ans Ziel. Das gilt selbstverständlich auch für unsere Kinder. Es trifft umso mehr auf sie zu, da sie noch lernen – das heißt: erspüren und erfahren – müssen, dass man eine unliebsame Aufgabe auch deshalb zügig und richtig erledigt, um hinterher mehr Zeit zu haben für die Dinge, die besonders viel Spaß machen!

KONZENTRATION MACHT VIELES LEICHTER

Wer sich nicht oder nur schwer ablenken lässt,

- macht in der Regel weniger Fehler;
- braucht weniger Zeit, um eine Tätigkeit zu beenden;
- kann Informationen in vielen alltäglichen, aber auch außergewöhnlichen Situationen besser verarbeiten.

KONZENTRATION VON ANFANG AN

Der aktive Lernprozess eines jeden Menschen beginnt bereits im Alter von wenigen Wochen, wenn ein Baby erste Greifversuche macht, es Kopf und Brust hebt, sich vom Bauch auf den Rücken dreht und umgekehrt, das freie Sitzen, das Krabbeln, Stehen und Laufen lernt. Je älter ein Kind wird, desto mehr Dinge erlernt es:

sprechen, Fahrrad fahren, schwimmen, musizieren, sich in seiner Umgebung zurechtfinden, sich orientieren und vieles mehr! Dabei steigert jede positive Lernerfahrung das Selbstwertgefühl und die Unabhängigkeit eines Kindes.

Die Konzentration bündeln

Alle oben genannten Lernerfolge zeigen, dass Kinder ihre Aufmerksamkeit von Anfang an und immer wieder auf bestimmte Dinge und Tätigkeiten richten. Ausgestattet mit diesen „freiwilligen" Fähigkeiten können und müssen sie im Vorschul- und Schulalter nun lernen, ihre Aufmerksamkeit auch auf Themen zu lenken, die ihnen vielleicht etwas weniger Spaß bereiten als Fahrrad fahren oder Baustein-Schlösser bauen. Es geht jetzt darum, die Konzentration zielgerichtet einzusetzen. Eine solche Konzentrationsfähigkeit ist ein wichtiger Baustein für das Lernen. Denn nicht jedem Kind fällt der Erwerb der so genannten „Kulturtechniken" Lesen, Schreiben und Rechnen leicht. Ein Kind aber, das sich konzentrieren kann, beherrscht damit ein wichtiges Werkzeug, das ihm nicht nur den Alltag in der Schule erleichtert, sondern ihm sein ganzes Leben lang Vorteile verschafft – ganz egal, welchen Weg es einmal einschlagen wird.

Was können Eltern tun?

Besonders Kinder im Vorschulalter sind mit einer ungeheuren Neugier auf alles und jeden ausgestattet. Täglich erfährt ihr Wissen einen enormen Zuwachs, von dem wir Erwachsenen nur träumen können. Und gerade diese Neugier führt auch dazu, dass sich Kinder in diesem Alter so absolut – und unbeschwert! – in ein Spiel, eine Aufgabe oder in ein Thema vertiefen können. Sie wollen es einfach wissen!

FRAGEN ZULASSEN!

Neugier macht das Lernen erst möglich!

„Warum können Vögel fliegen?" oder „Wie passt ein Sänger ins Radio?": Ein Kind im Vorschulalter hat täglich jede Menge Fragen und oft sind die Antworten auf diese Fragen überhaupt nicht einfach. Immer aber zeigen sie uns Eltern, womit sich unser Kind gerade in seinen Gedanken befasst.

Die vielen Fragen eines Kindes sind ein deutliches Zeichen seiner großen Neugier – jener wichtigen Eigenschaft, die uns Menschen dazu befähigt, über unseren „Tellerrand" hinauszuschauen, und jener Fähigkeit, die das Lernen überhaupt erst möglich macht.

Ganz egal, ob sich ein Kind die Welt der Zahlen erschließt, wenn es etwa Bonbons mit Geschwistern oder Freunden teilen soll, ob es sich als Prinzessin oder Ritter verkleidet oder im Park Ameisen und Käfer beobachtet: Es erweitert dabei sein Wissen, indem es sich völlig in eine Aufgabe vertieft. Unterstützen Sie seine natürliche Neugier: Ermuntern Sie es dazu, immer wieder Fragen zu stellen und Neues auszuprobieren.

GUTE RAHMENBEDINGUNGEN SCHAFFEN!

Wichtig zu wissen ist auch: Konzentration geschieht im Gehirn, einem komplizierten und komplexen Organ unseres Körpers, das ausschließlich aus Nervenzellen besteht. Diese Nervenzellen sind formbar und arbeiten dann optimal, schnell und effizient, wenn sie gut versorgt werden. Wichtig dafür sind vor allem Sauerstoff, eine ausgewogene Ernährung, ausreichend Flüssigkeit und genügend Schlaf.

NAHRUNG FÜR DIE GRAUEN ZELLEN

Achten Sie darauf,

- dass sich Ihr Kind viel bewegt, am besten an der frischen Luft. Jede körperliche Anstrengung, jede Bewegung und jeder Sport verbessern die Kreislaufleistung;
- dass Ihr Kind ausreichend schläft! Die Tatsache, dass im Laufe der Evolution der Schlaf überhaupt entstanden ist, beweist seine Bedeutung und Wichtigkeit. Das menschliche Gehirn schaltet im Schlaf die wesentlichen Körperfunktionen herunter und nutzt die so frei werdende Energie, um Wissen abzuspeichern. Am nächsten Tag kann deshalb auf neu erworbenes Wissen leichter und schneller zurückgegriffen werden;
- dass sich Ihr Kind vernünftig ernährt. Eine abwechslungsreiche Kost, regelmäßige, dafür kleinere Mahlzeiten und nicht zu fetthaltige Nahrungsmittel tragen viel dazu bei, dass das Gehirn leistungsfähig bleibt.

SELBSTVERTRAUEN FÖRDERN!

Ein Kind, das sich etwas zutraut und über ein gutes Selbstwertgefühl verfügt, ist nicht nur unabhängiger, sondern in allen seinen Anstrengungen auch erfolgreicher. Fördern Sie deshalb das Selbstvertrauen und die Selbstständigkeit Ihres Kindes! Helfen Sie ihm nicht bei Dingen, die es schon selbst kann. Auch wenn Sie dafür anfänglich etwas mehr Zeit einkalkulieren müssen, weil beispielsweise das selbstständige Schuhebinden länger dauert. Auf lange Sicht profitieren alle von der so erworbenen größeren Selbstständigkeit des Nachwuchses. Und: Wer sein Kind zu sehr behütet, ihm nur wenig zutraut, der nimmt ihm auch den Raum zu erfahren, dass es allein etwas bewirken kann.

Fordern – aber angemessen!

Ein Kind im Vorschulalter kann sich im Durchschnitt etwa zehn Minuten intensiv auf eine Tätigkeit konzentrieren, bevor es eine Pause benötigt. Während eine erste und zweite Pause nur wenige Minuten dauern sollten, muss auf die dritte Phase intensiver Beschäftigung mit einer Sache unbedingt eine längere Pause erfolgen: etwa 20 bis 30 Minuten. Insbesondere jede Form von Bewegung (Treppen laufen, sprin-

gen, hüpfen ...) und Entspannungstechniken, wie beispielsweise Yoga, schaffen einen guten Ausgleich und tragen viel dazu bei, dass auch die anschließende Konzentrationsphase wieder erfolgreich verläuft.
Wenn Sie Ihr Kind darüber hinaus immer wieder dazu auffordern, eine Tätigkeit oder ein Spiel zu Ende zu führen, fördern Sie sein Durchhaltevermögen. Ermutigen Sie es, bei auftauchenden Problemen selbstständig nach Lösungen zu suchen. Denn ohne eine gewisse Beharrlichkeit lassen sich viele Ziele nicht erreichen! Kinder, die nie etwas leisten müssen, vermissen oft einen Grund dafür, auf sich selbst stolz zu sein – und sind gerade deshalb häufig unmotiviert.

Optimale „Lern"-Voraussetzungen schaffen
Ob Gesellschaftsspiele oder gemeinsames Kochen, erste Merkspiele oder Hausaufgaben: Helfen Sie Ihrem Kind mit eindeutigen Handlungsanleitungen, damit es genau weiß, was Sie von ihm erwarten. Und vermeiden Sie darüber hinaus Ablenkungen – zum Beispiel in Form eines laufenden Fernsehgeräts oder auch durch spielende Geschwister. Und ganz wichtig: Loben Sie Ihr Kind!
Machen Sie nicht nur ihm, sondern auch sich selbst immer wieder klar, wie viel es eigentlich schon kann! Wenn Sie Ihrem Kind eine positive Grundhaltung vermitteln können, fallen ihm auch das Lernen und das Konzentrieren leicht!

Konzentration zielgerichtet trainieren

Eine gute Konzentrationsfähigkeit lässt sich trainieren! Oder anders gesagt: Die unterschiedlichen Bereiche, die Einfluss auf das Konzentrationsvermögen haben, lassen sich trainieren. Und zwar ohne große Anstrengung und Mühe, sondern mit ganz viel Spaß. Machen Sie doch einfach mit!

VISUELLE WAHRNEHMUNG

An erster Stelle steht ein gutes visuelles Wahrnehmungsvermögen (Seite 18 ff). Bestimmt kennen Sie das Sprichwort: „Ein Bild sagt mehr als tausend Worte." Dinge, die wir gesehen haben, prägen sich dem Gedächtnis viel leichter ein als Tatsachen, von denen wir nur gehört oder gelesen haben. Bieten Sie Ihrem Kind deshalb viele Gelegenheiten, seine Beobachtungsgabe einzusetzen. Ob Sie mit ihm Ausflüge in die Natur unternehmen, es auf die vielen Dinge am Boden und in der Luft aufmerksam machen, oder ob Sie mit ihm puzzeln oder Bücher betrachten – Ihr Kind widmet seine Aufmerksamkeit in solchen Momenten ganz gezielt einem bestimmten Thema. Dabei steigert es seine Konzentrationsfähigkeit.
Fast nebenbei erwirbt es so außerdem (Fakten)-Wissen und lernt, ein Ding oder einen Sachverhalt von unterschiedlichen Seiten zu betrachten.

FEIN- UND GROBMOTORIK

Fördern Sie auch die motorischen Fähigkeiten Ihres Kindes. Ein Kind, das oft Gelegenheit dazu hat, die Koordination von Arm- und Beinbewegungen zu trainieren, automatisiert diese Bewegungen. Solche Bewegungen fordern das Gehirn weniger als neue, noch unbekannte Bewegungsabläufe. Deshalb fällt es motorisch geübten Kindern leichter, sich auf Neues einzulassen. Sie haben mehr Möglichkeiten, sich intensiv, also konzentriert, einer zusätzlichen Tätigkeit oder Beobachtung zu widmen. Sportliche Spiele im Freien, die eine gute Bewegungskoordination erfordern und die Grobmotorik trainieren, sind zum Beispiel Seilspringen, Hüpfkästchen-Spiele und Ähnliches (Seite 24 ff).

Bevor eine Bewegung wirklich „sitzt“, muss ein Kind sie zirka 3000-mal durchführen!

Das Gleiche gilt für die feinmotorischen Fähigkeiten eines Kindes: Je besser die eigene Körperwahrnehmung funktioniert und je genauer eine Tätigkeit ausgeführt werden kann, desto leichter fällt die Konzentration darauf. So machen auch komplexe Bewegungsabläufe Spaß! Geschicklichkeitsspiele, Handarbeiten und handwerkliche Tätigkeiten sind daher hervorragend geeignet, eine gute Konzentrationsfähigkeit aufzubauen (Seite 34 ff).

AUDITIVE WAHRNEHMUNG

Unsere Ohren sind am Konzentrationsprozess beteiligt. Sie übermitteln Sinnesreize an unser Gehirn. Das heißt: Wer zuhört, wenn andere

erzählen, trainiert damit seine Konzentrationsfähigkeit (Seite 44 ff).
Aufmerksames Zuhören ist nicht nur ein sozialer, kommunikativer Prozess, es steigert auch die Fähigkeit der auditiven Wahrnehmung – und interessante, spannende Texte verbessern dabei gleichzeitig die Sprachfähigkeit und das Textverständnis eines Kindes. Lesen Sie Ihrem Kind auch deshalb häufig vor – und lassen Sie es Geschichten zu Ende erzählen.

MERKFÄHIGKEIT

Kinder im Vorschulalter verfügen über eine erstaunliche Merkfähigkeit – gerade weil sie das Lesen und Schreiben häufig noch nicht beherrschen. Unterstützen Sie Ihr Kind dabei, diese Merkfähigkeit auszubauen und zu nutzen. Es ist durchaus in der Lage, selbstständig an seine Kindergartentasche, die Jacke oder sein Lieblingsspielzeug zu denken. Singen Sie gemeinsam und lernen Sie dabei nebenbei Liedtexte auswendig. Oder spielen Sie Merkspiele mit Ihrem Kind (Seite 52 ff). Sie werden sehen, auch Sie können Ihre Merkfähigkeit noch verbessern!

KOMBINATIONSFÄHIGKEIT UND LOGISCHES DENKEN

Gekoppelt an eine gute Konzentrationsfähigkeit ist eine gute Kombinationsfähigkeit. Und wer sich gut konzentrieren kann, dem fällt auch das logische Denken leichter (Seite 56 ff). Egal, ob

sich Ihr Kind für Spielzeugautos, Steine, bunte Papierservietten, Pflanzen, Postkarten, Briefmarken oder auch Radiergummis interessiert – ermuntern Sie es, eine Sammlung anzulegen. Eine solche Sammlung erfordert immer eine Kategorisierung von Dingen und hilft dem Kind, Zuordnungen zu finden. Es tüftelt und überlegt dabei, knobelt und kombiniert.
Oder erobern Sie gemeinsam mit Ihrem Kind die Küche: Es kann die Zutaten für seinen Lieblingskuchen abwiegen, beim Rühren des Teigs helfen oder einfache Gerichte wie etwa Rührei oder Pfannkuchen selbst zubereiten. Auf diese Weise erfährt es zudem, dass mangelnde Konzentration auch negative Konsequenzen haben kann – wenn zum Beispiel dem Rührei das Salz oder dem Kuchenteig das Backpulver fehlt! Lassen Sie Ihr Kind beim Kochen oder Backen allerdings niemals unbeaufsichtigt, dazu sind die Gefahrenquellen in der Küche zu zahlreich. Bleiben Sie stets als wachsamer Beobachter in der Nähe!

AUFGEPASST!

Bedenken Sie bei allem Knobeln, Tüfteln, Merken, Zuhören und Kombinieren aber, dass Ihre Kinder kleine Persönlichkeiten mit individuellen Vorlieben und Schwächen sind! Berücksichtigen Sie diese Neigungen und auch die „Tagesform“ Ihres Kindes. Es wird sich kaum auf eine Sache konzentrieren können, wenn es zum Beispiel aufgeregt ist oder Streit mit Freunden oder Geschwistern verarbeiten muss. Und seien Sie ehrlich: Das geht Ihnen doch genauso!

Schau mal her!

FINDEN UND BEOBACHTEN!

Nichts wie raus ins Freie! Dort gibt es so vieles zu beobachten und zu entdecken. Hast du dir euren Garten, den Stadtpark, den Spielplatz oder den Wald schon einmal genauer angeschaut? Wie viele Insekten entdeckst du? Welche Bäume und Blumen kannst du finden? Schau sie dir aus der Nähe an. Vielleicht hast du eine Becherlupe, in der du Insekten oder Pflanzen ganz in Ruhe betrachten kannst. Es geht aber auch ohne Lupe!

Becherlupe
Becherlupen gibt es in den meisten Spielwaren- und in einigen Schreibwarenläden. Mit einer solchen Lupe kannst du kleine Tierchen und Pflanzen in der Vergrößerung genau betrachten und viele Details entdecken, die du mit bloßem Auge nicht so gut erkennst. Sei aber ganz vorsichtig! Tierchen solltest du sehr vorsichtig in die Becherlupe setzen, sie nur kurz anschauen und dann dort wieder freilassen, wo du sie eingesammelt hast!

- Wie viele Beine hat die Ameise?
- Wie viele Punkte hat der Marienkäfer?
- Wie viele Blütenblätter hat das Gänseblümchen?
- Haben die Blütenblätter einen glatten oder einen gezackten Rand?

Sicher findest du noch viel mehr Dinge, die du genau betrachten kannst.

WER SIEHT MEHR?

Du findest Wanderungen mit Papa, Mama, Geschwistern oder Oma und Opa langweilig? Dann macht beim nächsten Mal doch gemeinsam das „Wer-sieht-mehr-Spiel“!
Packt genügend zu essen und zu trinken in euren Wanderrucksack, und schon kann's losgehen!
Du wirst sehen: Am Wegrand, am Rastplatz oder an eurem Ziel gibt es viele interessante und spannende Dinge zu entdecken!

- Wer entdeckt die meisten Marienkäfer?
- Wer die meisten Schmetterlinge?
- Wie viele Kastanienbäume stehen am Wegrand?
- Wer sieht die meisten Pilze?

Sicher fallen euch noch viele andere Fragen ein. Einigt euch auf eine – wer auf dem Weg die meisten Käfer, Bäume oder Pilze entdeckt, bekommt am Rastplatz eine kleine Belohnung!

TIPP FÜR ELTERN: MÜDE WANDERER MUNTER MACHEN!

Versuchen Sie, für Ihre Wanderung ein gut erreichbares, aber gleichzeitig lohnendes Ziel zu finden, zum Beispiel eine alte Ruine oder – im Sommer – einen kleinen See. Das motiviert kleine, müde Wanderer. Und erleichtern Sie ihnen das Durchhalten, indem Sie beispielweise eine kleine Pause einlegen und herumliegende Äste zu Wanderstöcken umfunktionieren. Dann ist der Weg nur noch halb so weit!

SCHAU GENAU HIN!

Ein Zirkus ist in der Stadt! Der Maler Pinselius hat das Zelt, den Clown und auch schon den Elefanten gemalt. Doch was ist das? Nur ein Bild in jeder Reihe ist genau wie das erste in der linken Spalte. Findest du es? Was ist auf den anderen beiden Bildern anders?

Die Lösung findest du auf Seite 62.

VERGLEICHE!

Lisa hat drei Blätter mit verschiedenen Formen bemalt. Ihr Bruder hat die Formen nachgemalt, und zwar jeweils dreimal. Die Blätter hat er neben Lisas Zeichnung gelegt. Nur jeweils eines seiner Bilder in der Reihe ist aber genau gleich wie Lisas Bild in der linken Spalte. Welches?

Die Lösung findest du auf Seite 62.

SUCHEN UND FINDEN!

Tom und Lea haben einige ihrer Spielsachen mit nach draußen genommen und den ganzen Tag im Garten gespielt – die längste Zeit im Sandkasten. Am Abend haben die beiden die meisten Spielsachen wieder mit ins Haus genommen. Das Springseil, ein Spielzeugauto und drei Bauklötzchen haben sie draußen zwischen den Sandförmchen vergessen. Findest du sie?
In der Dämmerung hat sich außerdem eine Schnecke aus ihrem Versteck herausgetraut. Schau genau hin! Entdeckst du sie?
Kreise deine „Fundsachen“ mit einem Stift ein.

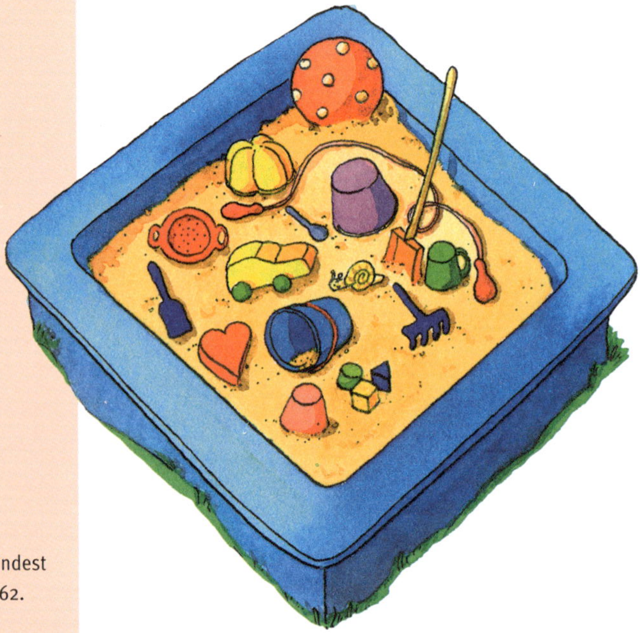

Die Lösung findest du auf Seite 62.

EIN GROSSES DURCHEINANDER!

In der Schublade von Familie Müller herrscht ein großes Durcheinander. Leonie Müller weiß genau, dass in der Schublade eine Trillerpfeife, eine blaue Wäscheklammer, eine Stoffmaus und ein schwarzer Knopf sind. Kannst du ihr helfen, diese Dinge zu finden?

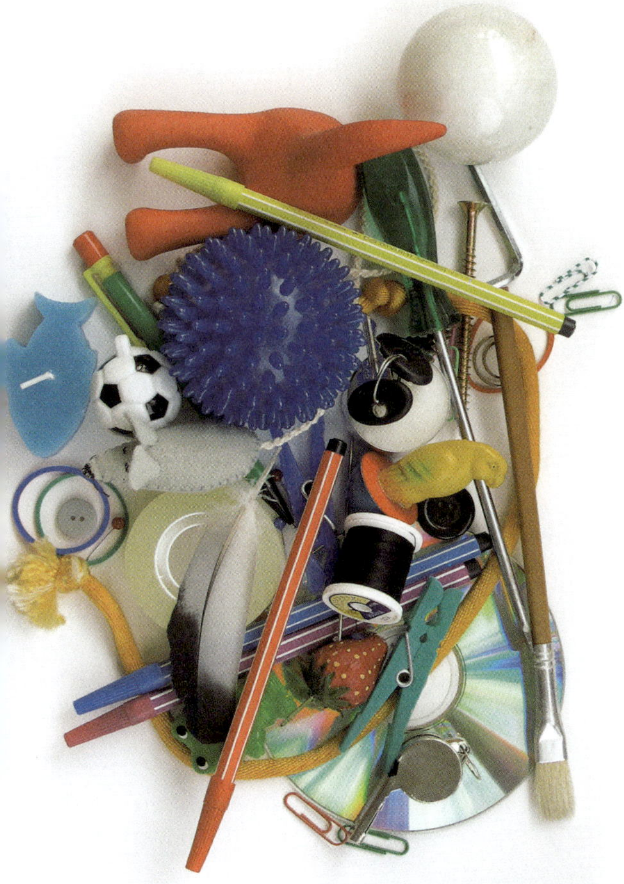

Die Lösung findest du auf Seite 62.

Mach mit!

HÜPFKÄSTCHEN

Du brauchst:

- Straßenkreide
- Platz auf dem Bürgersteig oder in einer Garageneinfahrt (am besten in einer verkehrsberuhigten Gegend oder in einer Spielstraße)
- ein kleines Steinchen

Zuerst zeichnest du mit Straßenkreide ein Spielfeld auf die Straße. Wirf dann das Steinchen irgendwo ins Spielfeld und springe mit beiden Beinen von Feld zu Feld, bis dorthin, wo der Stein liegt. Nimm den Stein in die Hand und springe bis zum Ende des Spielfelds weiter. Dabei darfst du aber bei keinem Sprung die Linien berühren! Wenn du mit Freunden spielst, dann sind sie an der Reihe, sobald du eine Linie berührt hast.

Himmel und Hölle

Spaß macht das Hüpfkästchen-Springen auch, wenn du nach den Spielregeln von „Himmel und Hölle“ spielst. Dann ersetzt du einfach eine beliebige Zahl auf dem Spielfeld durch das Wort „Hölle“. Im letzten Hüpfkästchen steht statt einer Zahl „Himmel“. Jetzt musst du das Steinchen ganz vorsichtig werfen, nämlich von einem Feld in das nächste. Du darfst nur dann sprin-

gen, wenn dein Stein genau im nächsten Feld liegen geblieben ist, sonst ist der nächste Spieler an der Reihe. Wichtig ist auch: Du darfst dein Steinchen auf keinen Fall in die „Hölle" werfen! Wenn dein Steinchen nämlich dort landet, scheidest du für diese Runde aus und ein anderes Kind ist an der Reihe.
Wenn dein Steinchen im „Himmel" landet, drehst du um und springst Feld für Feld wieder zurück. Aber aufgepasst: Denke daran, auch dieses Mal die „Hölle" zu überspringen!

Die Regeln beim Hüpfkästchen-Spielen kannst du natürlich auch verändern. Du kannst zum Beispiel

- das Steinchen mit den Füßen treten, statt mit den Händen zu werfen;
- „Himmel" und „Hölle" genau untereinander anordnen;
- festlegen, dass nur in jedes zweite Kästchen gesprungen wird …

Vielleicht erinnern sich deine Eltern an andere Hüpfkästchen-Spiele, die sie selbst als Kind gespielt haben! Frag doch einfach mal nach! Und bestimmt hast du selbst noch weitere Ideen!

BALANCEAKT

Wenn du mit deinen Eltern spazieren gehst, findest du unterwegs bestimmt ein kleines Mäuerchen, auf dem du balancieren kannst! Wenn du dich am Anfang noch nicht traust allein zu balancieren, dann bitte deine Mama oder deinen Papa, dir die Hand zu reichen.

- In einem Park oder im Wald kannst du dich nach einem umgestürzten Baumstamm umsehen und versuchen, darauf zu balancieren. Pass aber auf, denn ein solcher Baumstamm kann mit Moos bewachsen oder von Tau und Regen feucht und daher rutschig sein!

- Auf dem Spielplatz kannst du prima üben, wenn die Wippe oder ein anderes Spielgerät gerade frei sind. Bei der Wippe musst du aufpassen, denn der Balken senkt sich ab der Mitte nach unten – du aber willst oben bleiben! Lass dich am besten von deiner Mama oder deinem Papa an der Hand halten!
- Vorwärts zu balancieren macht dir keine Schwierigkeiten? Dann gehe die ganze Sache doch einfach rückwärts an. Lass dich dabei aber an der Hand halten.

MIT VIEL SCHWUNG! – SEILSPRINGEN

Du brauchst:

- ein Springseil

Nimm ein Seilende in jede Hand. Das Seil liegt hinter deinen Füßen. Jetzt schwingen die Arme das Seil von hinten nach oben über den Kopf, dann nach vorne, und in diesem Moment springst du nach oben! Jetzt ist das Seil wieder hinter deinen Füßen, du bist also wieder in Grundstellung – und kannst das Seil einfach noch einmal schwingen! So geht es immer weiter.

Wenn du den Grundsprung beherrschst, kannst du

- einen Zwischenhüpfer einbauen, also einmal zusätzlich springen, bevor das Seil wieder den Boden berührt;
- die Füße nicht gleichzeitig, sondern abwechselnd, also „im Dauerlauf", über das Seil setzen;
- versuchen, nur auf einem Bein zu springen;
- das Seil überkreuzen: In dem Moment, in dem das Seil über dem Kopf ist, verkreuzt du die Arme vor dem Körper und versuchst dann, über das verdrehte Seil zu springen;
- einen „Doppelschlag" probieren: Lass das Seil bei einem einzigen Sprung gleich zweimal unter deinen Füßen hindurchsausen;
- rückwärts springen: in Grundstellung, im Dauerlauf, auf einem Bein oder rückwärts überkreuzen …

NOCH MEHR SCHWUNG! – SCHWUNGSEIL

Du brauchst:

- ein Schwungseil (siehe Tipp)
- zwei Mitspieler oder Mitspielerinnen

Macht in jedes Seilende einen dicken Knoten. Dann stellen sich zwei Mitspieler einander gegenüber auf und nehmen je ein Seilende in die Hand. Sie gehen so weit auseinander, dass das Seil durchhängt und die Seilmitte den Boden berührt. Jetzt schwingen die beiden das Seil in großen Schwüngen in die gleiche Richtung.
Wenn das Seil hoch oben in der Luft steht, läufst du hinein und springst hoch, kurz bevor das Seil den Boden berührt.
So geht es immer weiter. Sobald du hängen bleibst, tauschst du mit einem Mitspieler oder einer Mitspielerin den Platz!
Wenn ihr schon etwas Übung habt, könnt ihr den „Teddybär“ springen. Wenn du dran bist, bist du der Teddybär. Beim Springen machst du die Teddybär-Bewegungen, die dir deine Mitspieler zurufen. Sie sagen den Vers oder die Verse so lange, bis du im Seil hängen bleibst.

TIPP FÜR ELTERN: DAS SCHWUNGSEIL

Als Schwungseil eignet sich ein einfaches, etwa vier Meter langes Tau mit einem Durchmesser von nicht mehr als zehn Millimetern. Je dicker das Seil, umso anstrengender ist das Schwingen! Ein solches Tau gibt es in jedem Baumarkt.

Dann ist der Nächste dran. Gewonnen hat, wer die meisten Sprünge schafft!
Die Kinder, die das Seil schwingen, sagen die folgenden Verse. Sie können jeden Vers mehrmals wiederholen oder alle drei nacheinander sagen und wieder von vorne anfangen.

Teddybär, Teddybär, dreh dich um,
Tedddybär, Teddybär, mach dich krumm.
Teddybär, Teddybär, bau ein Haus,
Teddybär, Teddybär, spring heraus!
Eins, zwei, drei, vier ... *(Jetzt werden die Sprünge gezählt. Wer schafft die meisten?)*

Teddybär, Teddybär, dreh dich um,
Tedddybär, Teddybär, mach dich krumm,
Teddybär, Teddybär, mach dich klein,
Teddybär, Teddybär, das war fein!
Eins, zwei, drei, vier ...

Teddybär, Teddybär, dreh dich um,
Tedddybär, Teddybär, mach dich krumm,
Teddybär, Teddybär, zeig deinen Schuh,
Teddybär, Teddybär, wie alt bist du?
Eins, zwei, drei, vier ...

HAMPELMANN

Sicher weißt du, was ein Hampelmann ist. Wenn du an seinem Band ziehst, gehen seine Arme und Beine gleichzeitig zur Seite und nach oben.
Kannst du das auch?
Stelle dich mit geschlossenen Beinen hin, deine Arme liegen am Körper an. Jetzt gehen beide Arme gleichzeitig nach oben und du klatschst über deinem Kopf in die Hände. Gleichzeitig springst du nach oben und landest danach mit gegrätschten Beinen. Und nun wieder zurück: Arme nach unten, Beine wieder schließen.
Wenn es nicht gleich klappt, kannst du zuerst mit den Armen üben, dann mit den Beinen.

Du hast schon viel Übung im Hampelmann-Springen? Dann probiere es doch einmal damit:

- Wie beim normalen Hampelmann gehen beide Arme gleichzeitig nach oben, die Hände klatschen über dem Kopf zusammen. Die Beine schlagen aber eine andere Richtung ein: Du grätschst sie nicht zur Seite, sondern nach vorne und hinten. Na, wie klappt das?
- Und jetzt anders herum: Nun gehen die Arme nach vorne und hinten und die Beine zur Seite.

Das ist gar nicht so einfach, macht aber jede Menge Spaß! Probiere diesen Hampelmann auch mit deinen Freunden aus. Können Sie es? Und deine Eltern?

WER HÜPFT HÖHER?

Du brauchst:

- mehrere Mitspieler oder Mitspielerinnen

Für dieses Spiel braucht ihr etwas Platz. Ihr könnt es also in einem großen Raum spielen. Viel mehr Spaß macht es aber, wenn ihr dazu in den Garten oder in den Park geht.
Einer der Mitspieler macht eine Hüpfbewegung vor, die anderen müssen sie nachahmen. Ihr könnt zum Beispiel

- wie ein Frosch auf allen Vieren hüpfen;
- mit ganz kleinen oder ganz großen Sprüngen vorwärts oder rückwärts hüpfen;
- zwischen großen und kleinen Sprüngen abwechseln;
- auf einem Bein auf der Stelle hüpfen;
- auf einem Bein vorwärts oder rückwärts hüpfen;
- mit beiden Beinen gleichzeitig hochspringen und dabei die Knie anziehen …

Sicher fallen euch noch viel mehr Hüpfbewegungen ein!

KLATSCHSPIELE

Du brauchst:
- jemanden, der mit dir spielt

Stellt euch einander gegenüber auf, sucht euch eines der Klatschspiele auf der rechten Seite aus, und schon kann's losgehen.

- Zuerst klatscht ihr einmal in eure eigenen Hände.
- Dann klatscht ihr mit beiden Handflächen auf die Handflächen eures Spielpartners.
- Und wieder klatscht ihr in die eigenen Hände.
- Jetzt klatscht ihr nacheinander mit nur einer Handfläche über Kreuz auf eine Handfläche eures Mitspielers, dann auf die andere Handfläche. Je nach Reim müsst ihr vielleicht einen Zwischenklatscher in die eigenen Hände einfügen. Das probiert ihr am besten aus!

Das Spiel geht so lange, bis ihr einen Fehler macht und aus dem Takt kommt. Dann geht es aber natürlich von vorne los …

Und der Seppel, Seppel, Seppel
klaut die Äppel, Äppel, Äppel
und Radieschen, ...dieschen, ...dieschen
für das Lieschen, Lieschen, Lieschen ...

Em, pem, pie,
kolonie, kolonastik,
em, pem, pie,
kolonie.
Em, pem, pie,
kolonie, kolonastik,
em, pem, pie,
kolonie ...

Bei Müllers hat's gebrannt, ...brannt, ...brannt,
da bin ich hingerannt, ...rannt, ...rannt,
da stand ein Polizist, ...zist, ...zist,
der schrieb mich auf die List, List, List,
die List fiel in den Dreck, Dreck, Dreck,
da war mein Name weg, weg, weg,
er hob sie wieder auf, auf, auf,
da rannt ich schnell nach Haus, Haus, Haus ...

An dieser Stelle könnt ihr noch eigene Strophen dazudichten! Viel Spaß!

Mit Fingerspitzengefühl!

ERINNERUNGS-COLLAGE

Du brauchst:

- alte Zeitschriften, Prospekte, Fahrkarten, Servietten …
- eine Kinderschere
- einen Klebestift
- Zeichenblockpapier oder farbiges Papier (DIN-A3 oder DIN-A4)

Wenn du einen Ausflug machst oder mit deinen Eltern in den Urlaub fährst, dann sammle alles, was du für deine Collage verwenden könntest, zum Beispiel: Eintrittskarten, Prospekte, Fahrkarten, Restaurant-Rechnungen …
Hier eine Idee:

- Vielleicht habt ihr ein Schloss besichtigt und du hast einen Prospekt mitgenommen. Schneide das Bild des Schlosses aus und klebe es auf dein Bild.
- Seid ihr mit dem Zug oder mit dem Auto an euer Ausflugsziel gelangt? Schneide eine

Schenken macht Spaß!
Eine solche Erinnerungs-Collage ist ein schönes Geschenk für deine Eltern! Vielleicht haben dich ja auch Oma oder Opa auf den Ausflug mitgenommen – dann kannst du sie ihnen schenken. Wenn deine Collage besonders gut gelungen ist, kannst du sie sogar rahmen!

Lokomotive, einen ICE oder ein Auto aus einer Zeitschrift aus und klebe das Bild dazu.

- Und möglicherweise hast du ja eine Visitenkarte oder eine Serviette von der Ausflugsgaststätte, wo ihr etwas getrunken oder ein Eis gegessen habt. Klebe sie dazu!

Bestimmt fallen dir viele weitere Dinge ein, die deine Collage verschönern!

WUNSCHZETTEL-COLLAGE

Hast du bald Geburtstag? Steht Weihnachten vor der Tür? Wie wäre es, wenn du deinen Wunschzettel einmal als Collage gestaltest?

- Schneide aus Zeitschriften oder Katalogen die Dinge aus, die du dir wünschst und klebe sie auf ein Blatt Papier. Dein Wunschzettel sieht besonders schön aus, wenn du farbiges Papier wählst.
- Verziere jeden Gegenstand mit einem bunten Rähmchen, zum Beispiel aus lauter Kringeln. Lass dabei deiner Fantasie freien Lauf …
- Gib diesen Wunschzettel deinen Eltern, Großeltern oder Paten – vielleicht geht ja der eine oder andere Wunsch in Erfüllung!

EIN HUT AUS ZEITUNGSPAPIER

Mit Papier kann man tolle Sachen machen. Eine Zeitungsseite reicht zum Beispiel aus, um einen einfachen Maler- oder Piratenhut zu falten.

Du brauchst:

- eine Zeitungsseite

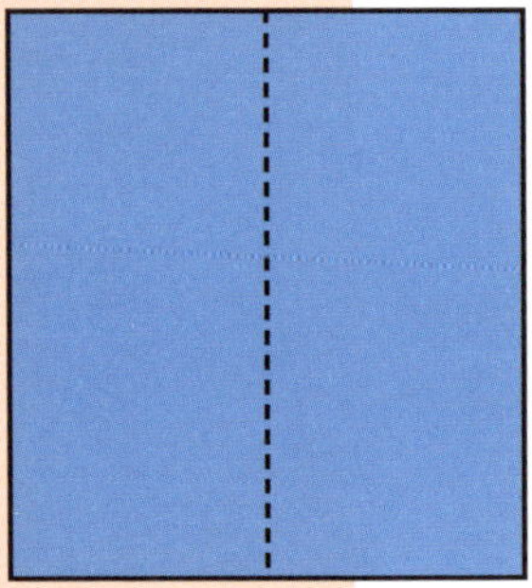

Lege die Zeitungsseite (eine einzelne, keine Doppelseite!) vor dich auf den Tisch. Lege die rechte Kante auf die linke Kante und falte die Zeitung so in der Mitte. Klappe die Seite dann wieder auf, falte die obere Kante auf die untere Kante und drehe das Papier so, dass die offene Seite unten, also vor dir, liegt.

Jetzt faltest du die rechte und linke obere Ecke zur Faltlinie in der Mitte hin. Dabei bleibt unten ein breiter Rand stehen. Falte den Rand nach oben um und knicke die überstehenden Ecken nach hinten. Drehe den Hut auf die andere Seite, falte auch dort den Rand nach oben und knicke die überstehenden Ecken nach hinten.

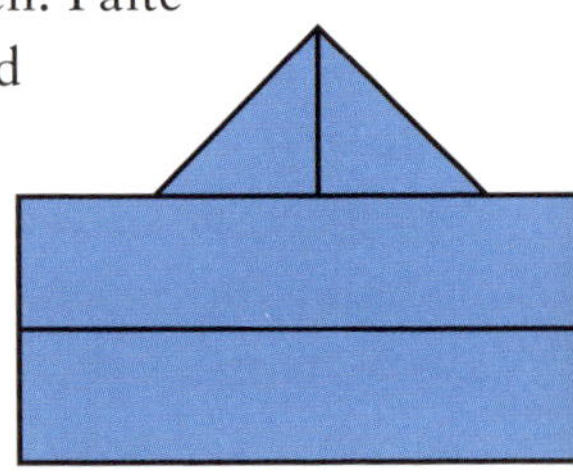

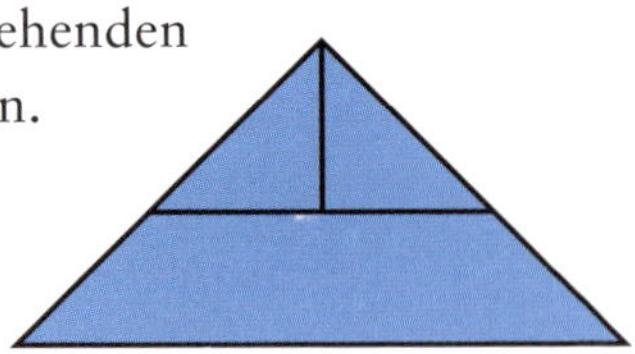

EINE HEXENTREPPE

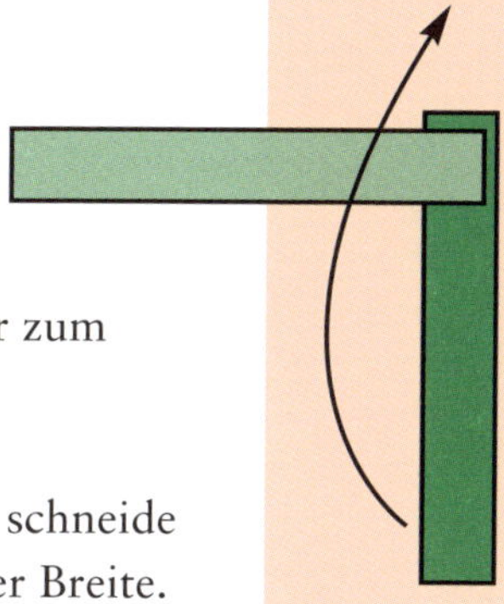

Du brauchst:

- eine Zeitungs-Doppelseite
- ein Lineal
- eine Kinderschere
- einen Klebestift
- Papa, Mama oder ältere Geschwister zum Helfen

Falte die Doppelseite auseinander und schneide sie in Streifen von etwa fünf Zentimeter Breite. Damit diese Streifen möglichst gerade werden, können dir deine Eltern oder ältere Geschwister ein wenig helfen.

Nimm zwei gleich lange Streifen, lege sie über Eck und klebe sie zusammen, so, wie du es oben aufgemalt siehst. Klappe dann den unten liegenden Streifen über den anderen.

Klappe nun immer den jeweils unten liegenden Streifen über den anderen, bis das Papier zu Ende ist. Damit die Hexentreppe hält, klebst du das letzte Papierstück fest. Ziehe das Papier ein wenig auseinander – und schon hast du eine Hexentreppe. Falte nun weitere Hexentreppen mit den anderen Papierstreifen.

MIT NADEL UND FADEN …

Hast du schon einmal ein Bild gestickt? Es ist ganz einfach!

Du brauchst:

- ein Stück Papier
- eine dicke Lage alter Zeitungen
- eine Kinderschere
- einen Klebestift
- ein Stück farbiges Tonpapier (etwas größer als das Papierstück)
- Malstifte
- eine dicke Sticknadel (siehe Tipp) und farblich passende Wollreste oder Stickgarn

TIPP FÜR ELTERN: STICKNADELN

Spitze Gegenstände können gefährlich sein! Es gibt jedoch auch spezielle Sticknadeln für Kinder, die vorne abgerundet sind. Bleiben Sie beim Anfertigen solcher Stickbildchen oder anderer Bastelarbeiten aber trotzdem immer in der Nähe Ihres Kindes!

Zeichne auf das Stück Papier die Umrisse eines Gegenstandes, den du gerne magst,

zum Beispiel eines Teddybärs oder einer Blume. Jetzt klebst du das Bild auf ein farblich passendes Stück Tonpapier.

Leg dieses Bild auf eine dicke Lage alter Zeitungen. Nimm dann eine Nadel und steche in regelmäßigen Abständen kleine Löcher auf die gemalten Linien.

Dann kannst du das Zeitungspapier wieder weglegen. Fädle einen Wollfaden oder ein Stückchen Stickgarn durch das Nadelöhr und mache einen Knoten in das Garnende. Nun stichst du von unten durchs erste Loch deines Bildes, dann von oben durch das nächste Loch und so weiter, bis du schließlich einmal durch alle Löcher durchgestochen hast. Schon ist dein Stickbild fertig!

TIPP FÜR ELTERN: ERINNERUNGSORDNER

Würdigen Sie die Kreativität Ihres Kindes! Zeichnungen oder Bastelarbeiten können Sie beispielsweise in einem Ordner sammeln. Denken Sie daran, die Werke auf der Rückseite mit einem Datum zu versehen, und holen Sie den Ordner immer mal wieder hervor, um gemeinsam mit Ihrem Kind darin zu blättern. Geben Sie Ihrem Kind diesen Ordner mit, wenn es erwachsen ist und auszieht, oder wenn es irgendwann eigene Kinder hat!

DEIN SPIELE-SÄCKCHEN

Machen dir Geschicklichkeitsspiele wie Stapel- und Legespiele Spaß? Und hättest du gerne ein Spiel, das du immer bei dir haben kannst? Dann bastle dir dein eigenes Tangram.
Ein Tangram ist ein uraltes Legespiel, das schon vor Tausenden von Jahren in China erfunden wurde. Und seit fast 200 Jahren spielen auch Menschen in Europa dieses Legespiel.
Du kannst dir ein solches Spiel ganz einfach selbst basteln. Wenn du die einzelnen Teile dann in ein kleines Säckchen oder Kästchen steckst, kannst du dein Tangram immer mitnehmen und es spielen, wenn dir langweilig ist!

Du brauchst:

- ein Stück Karton, z. B. die Rückseite eines leeren Zeichenblocks, oder dickes Tonpapier
- einen Klebestift
- eine Schere
- Wasserfarben und Pinsel
- möglicherweise Papa, Mama oder größere Geschwister zum Helfen

Ein Tangram besteht aus sieben Teilen:

- aus zwei großen Dreiecken,
- zwei kleinen Dreiecken,
- einem mittelgroßen Dreieck,

- einem Viereck mit vier gleich langen Seiten (das nennt man Quadrat), 
- einem Viereck mit schrägen Seiten (das nennt man Parallelogramm). 

Kopiere die Vorlage, schneide die sieben Teile aus und klebe sie auf den Karton oder das Tonpapier. Schneide die fünf Dreiecke, das Quadrat und das Parallelogramm aus. Wenn es dir schwer fällt, den Karton zu schneiden, dann bitte Mama, Papa oder größere Geschwister, dir dabei zu helfen. Male die Teile dann mit Wasserfarben bunt an. Versuche nun, aus den sieben Teilen so viele Figuren zu legen wie möglich: Fische, Vögel, Schiffe, Männchen …

Kopiervorlage

AUF DEM JAHRMARKT

Leo, Lisa, Tim und Tina machen einen Spaziergang über den Jahrmarkt. Doch der Wind hat ihre Luftballons verknotet – kannst du herausfinden, welcher Ballon wem gehört? Du machst es dir einfacher, wenn du die Ballonschnüre mit deinem Finger nachfährst. Dann weißt du es!

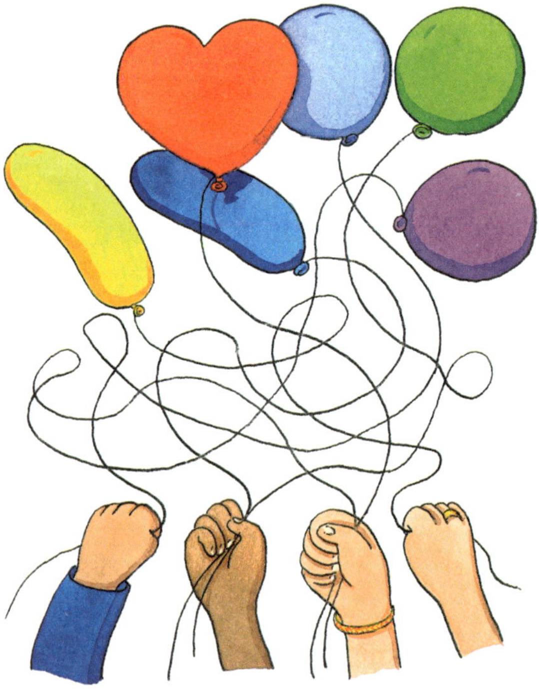

Leo Lisa Tina Tim

Die Lösung findest du auf Seite 62.

AUF DEM MARKT

Auf dem Markt ist samstags jede Menge los. Die Obst- und Gemüsestände sind reich bestückt. Aber was ist das? Auf dem unteren Bild haben sich sieben Unterschiede zum oberen Bild eingeschlichen. Findest du sie alle? Kreise sie mit einem Stift ein.

Die Lösung findest du auf Seite 62.

Ohren auf!

QUATSCH-GESCHICHTEN

Du brauchst:

- jemanden, der dir vorliest

Ist es nicht schön, wenn dir jemand eine Geschichte vorliest? Noch schöner ist es allerdings, wenn ihr ein Spiel daraus macht!
Wenn dir dein Papa oder deine Mama das nächste Mal aus einem Buch vorliest, dann bitte ihn oder sie darum, ein ganz bestimmtes Wort im Text immer durch ein Unsinnswort – zum Beispiel „Quatschquassel“ – zu ersetzen. Du darfst aber nicht wissen, welches Wort damit ersetzt wird!
Hier ein Beispiel: Bestimmt kennst du das Märchen von … Quatschquassel:

Quatschquassel, Quatschquassel, lass dein Haar herunter!

Sicher hast du schon erraten, dass „Quatschquassel“ das Wort „Rapunzel“ ersetzt!
Probiert diese Quatschgeschichten mit verschiedenen Märchen aus. Anstelle einer Person könnt ihr auch eine Sache, zum

Beispiel das Lebkuchenhaus im Märchen von Hänsel und Gretel, durch ein Unsinnswort ersetzen. Wenn du schon selbst lesen kannst, kannst natürlich auch du vorlesen – und Papa oder Mama müssen erraten, welches Wort du ersetzt hast!

ZÄHL-GESCHICHTEN

Du brauchst:

- jemanden, der dir vorliest

Bevor es mit dem Vorlesen losgeht, legt ihr gemeinsam ein Wort fest, das in der Geschichte ganz sicher vorkommt. Das kann zum Beispiel das Wort „Großmutter" im Märchen von Rotkäppchen sein. Während des Vorlesens zählst du mit, wie oft du das Wort hörst. Am Ende der Geschichte zählt ihr gemeinsam nach, ob du aufmerksam zugehört und richtig gezählt hast!

TIPP FÜR ELTERN: AUF DER AUTOBAHN

Ein solches „Hörtraining" eignet sich besonders gut für lange Autofahrten. Die Auswahl an guten und kindgerechten Hörbüchern und -spielen ist mittlerweile sehr groß, und auch Stadtbibliotheken und Leihbüchereien sind damit gut ausgestattet.

Wenn Sie mit mehreren Kindern unterwegs sind, wird ein Kind zum Schiedsrichter bestimmt und aufgefordert, eine Strichliste zu führen. So kommt es am Ende nicht zu Streitereien! Denken Sie aber auch daran, den Schiedsrichter hin und wieder mal auszuwechseln!

ZUNGENBRECHER

Es gibt Sätze, die gehen uns gar nicht so einfach von der Zunge. Man nennt sie deshalb Zungenbrecher! Zähle mit, wie oft du einen der folgenden Sätze fehlerfrei hintereinander aufsagen kannst!

Der Leutnant von Läuten
befahl seinen Leuten
nicht eher zu läuten,
bis der Leutnant von Läuten
seinen Leuten das Läuten befahl.

Zwanzig Zwerge machen einen Handstand,
zehn im Wandschrank,
zehn am Sandstrand.

Wenn Fliegen hinter Fliegen fliegen,
fliegen Fliegen Fliegen nach.

Fischers Fritz fischt frische Fische,
frische Fische fischt Fischers Fritz.

In Ulm, um Ulm und um Ulm herum
wachsen viele Ulmen.

Blaukraut bleibt Blaukraut und
Brautkleid bleibt Brautkleid.

Zehn Ziegen zogen zehn
Zentner Zucker zum Zoo.

Esel essen Nesseln nicht,
Nesseln essen Esel nicht.

Es klapperten die Klapperschlangen,
bis ihre Klappern schlapper klangen.

Es reiten dreiunddreißig Reiter flott und munter,
den Berg dreiunddreißigmal hinauf und herunter.

Der Potsdamer Postkutscher
putzt den Potsdamer Postkutschkasten.

IM RHYTHMUS BLEIBEN

Du brauchst:

- jemanden, der mit dir spielt

Klatsche mit deinen Händen einen einfachen Rhythmus, zum Beispiel: lang – lang – kurz, kurz, kurz. Übe das Klatschen zunächst alleine, und bitte dann deinen Papa, deine Mama, einen Freund oder eine Freundin darum, deinen Rhythmus nachzuklatschen. Schaffen sie es? Überlege dir einen anderen Rhythmus und klatsche auch diesen vor. Wieder müssen dein Mitspieler oder deine Mitspielerin den Rhythmus nachklatschen. Nach zwei Rhythmen wird getauscht!

GERÄUSCHE NACHAHMEN

Hör doch einmal genau auf die Geräusche in der Natur. Kannst du mit deinen Fingern das gleiche Geräusch erzeugen, das du hörst, wenn zum Beispiel Regentropfen auf einem Fensterbrett auftreffen? Versuche, mit den Fingerspitzen ganz leise auf eine Tischplatte zu trommeln …
Den Ruf des Kuckucks kennst du ganz bestimmt und es fällt dir sicher leicht, ihn nachzuahmen. Doch was ist mit dem Geräusch, das der Specht macht, oder mit dem Gezwitscher der Amsel? Schaffst du es, sie nachzuahmen?

VERKEHRTE WELT!

„Gefeiert Geburtstag Kindergarten im heute haben wir!“ – Wetten, dass deine Mama dich ziemlich überrascht anblickt, wenn du sie so begrüßt? Dabei ist die Sache so einfach, denn du hast einen ganz normalen Satz gesagt – aber rückwärts! Wenn du diese „Rückwärtssprache“ einen Vormittag lang mit deinen Freunden übst, gehen dir solche Sätze bald ganz einfach über die Lippen …
Hier kannst du schon ein wenig üben:

- „Haben Eis ein bitte jetzt ich darf?“
- „Park im Tim mit Nachmittag heute mich treffe ich!“

DEINE EIGENE SPRACHE!

Wir können uns nur mit anderen Menschen unterhalten, weil Wörter ganz bestimmte Dinge bezeichnen: Ein Stuhl ist eben ein Stuhl und kein Tisch. Probier doch einmal aus, was passiert, wenn du bekannte Wörter für einen anderen Gegenstand verwendest als üblich. Erfinde deine eigene Sprache! Ersetze zum Beispiel das Wort „Müsli“ durch das Wort „Fahrrad“, das Wort „Hund“ durch das Wort „Puppe“ … und weihe nur deinen besten Freund oder deine beste Freundin in deine Geheimsprache ein!

BUCHSTABEN-GEHEIMSPRACHEN

Die i-Sprache

Die i-Sprache ist eine der einfachsten Geheimsprachen. Hänge an jede Silbe einfach ein i an. An jedem Wortende sprichst du auch ein i. Der Satz „Mir ist so schlecht" heißt dann in der i-Sprache: „Miri isti soi schlechti." Der Satz „Ich habe heute keine Lust auf die Schule" lautet: „Ichi haibi heuiti keiini Lusti aufi diei Schuili."

Die b-Sprache

Die b-Sprache funktioniert ganz ähnlich: Dabei wird nach jedem Selbstlaut der Buchstabe b eingefügt und dieser Selbstlaut dann wiederholt. Das lautet dann zum Beispiel so: „Dubu bibist heubeutebe ababeber gabar nibicht liebieb zubu mibir!" für „Du bist heute aber gar nicht lieb zu mir!"

Die Silben-Sprache

Statt einzelner Buchstaben kannst du auch ganze Silben nach jedem Selbstlaut einfügen. Silben sind mehrere Buchstaben hintereinander, die zusammen klingen. Wenn du beispielsweise die Silbe „wi" einfügst, klingt das so: „Pawipawi, wawinn siwind wiwir ewindliwich wiewidewir zuwi Hauwisewi?" für „Papa, wann sind wir endlich wieder zu Hause?"

REIMWÖRTER ZUORDNEN

Sicher kennst du Reime. Auf das Wort „Schuh“ reimt sich zum Beispiel das Wort „Kuh“. Genauso reimen sich auch jeweils zwei der unten aufgemalten Dinge. Zeichne Verbindungslinien zwischen den beiden Reimwörtern! Sprich dazu die Wörter laut vor dich hin, dann fällt dir diese Aufgabe bestimmt leicht!

Die Lösung findest du auf Seite 63.

Erinnerst du dich?

KOFFER PACKEN!

Du brauchst:

- mehrere Mitspieler oder Mitspielerinnen

Ferien sind schön und Verreisen macht Spaß! Damit du im nächsten Urlaub auch wirklich alles dabei hast, kannst du ja schon mal üben. Du fängst an und sagst: „Ich nehme in meinem Koffer meinen Teddy mit!“ Jetzt ist der oder die Nächste an der Reihe und sagt: „Ich nehme in meinem Koffer meinen Teddy und meine Zahnbürste mit.“ Der oder die Dritte wiederholt den bisherigen Inhalt des Koffers und legt noch etwas dazu. So geht es reihum immer weiter. Gewonnen hat, wer auch dann noch nichts vergisst, wenn der Koffer schon richtig voll ist …

GESCHICHTEN ERFINDEN

Du brauchst:

- mehrere Mitspieler oder Mitspielerinnen

Der erste Geschichtenerzähler beginnt mit einem einzigen Wort. Dann ist der nächste dran. Er wiederholt das erste Wort und führt den Satz weiter. Der nächste Mitspieler wiederholt die beiden Wörter und überlegt sich ebenfalls, wie der Satz weitergehen könnte … So geht es weiter, bis ihr eure eigene Geschichte erfunden habt!

Das könnte zum Beispiel so aussehen:

- Ich …
- Ich gehe …
- Ich gehe zum …
- Ich gehe zum Bäcker …
- Ich gehe zum Bäcker und …
- Ich gehe zum Bäcker und kaufe …

WAS FEHLT?

Du brauchst:

- mehrere Mitspieler oder Mitspielerinnen

Dieses Spiel kannst du gemeinsam mit deinen Eltern oder Freunden spielen. Je mehr Personen mitspielen, desto schwieriger wird es!
Jeder Mitspieler legt eine bestimmte Anzahl von Dingen (mindestens drei, höchstens sieben) auf einen Tisch. Wenn alle ihre Sachen abgelegt haben, bekommt jeder genau drei Minuten Zeit, um sich die Dinge auf dem Tisch anzuschauen und zu merken. Nach drei Minuten geht ein Mitspieler aus dem Raum, die übrigen Personen nehmen je ein Ding vom Tisch. Jetzt ruft ihr den Mitspieler wieder herein. Kann er sagen, welche Gegenstände fehlen?

WAS GEHÖRT ZUSAMMEN?

Du brauchst:

- Karton, z. B. die Rückseiten von leeren Zeichenblöcken
- ein Lineal
- eine Schere
- Buntstifte
- mehrere Mitspieler oder Mitspielerinnen

Schneide aus dem Karton kleine Quadrate zurecht. Ein Quadrat ist ein Viereck mit vier gleich langen Seiten. Die Seiten sollten mindestens sechs Zentimeter lang sein. Vielleicht helfen dir ja Mama oder Papa dabei. Dann geht es schneller! Je mehr Paare du bastelst, umso schwieriger wird dein Spiel!

Male nun auf je zwei Kärtchen das gleiche Motiv, zum Beispiel:

- zwei Autos,
- zwei Schneemänner,
- zwei Herzchen.

Und so wird gespielt:

Mische die Kartenpaare und lege die Kärtchen mit der Bildseite nach unten auf den Tisch. Mische sie gut durch! Ihr spielt im Uhrzeigersinn.

Du darfst anfangen und zwei Karten aufdecken. Alle Mitspieler merken sich die Bilder und die Positionen dieser Karten, dann werden sie wie-

der umgedreht. Der Nächste ist dran. So geht es weiter, bis du ein Bild aufdeckst, das du schon einmal gesehen hast. Erinnerst du dich, wo es war? Wenn du es findest, bekommst du das entsprechende Karten-Pärchen und darfst gleich noch einmal aufdecken. Wenn nicht, ist der nächste Spieler dran.
Gewonnen hat, wer die meisten Karten-Pärchen gesammelt hat.

Macht dir das Spiel Spaß und möchtest du dir gerne noch eines basteln? Dann probiere es mal mit dieser Variante:

Du brauchst:

- Kärtchen aus Karton wie oben
- Zeitschriften, Prospekte
- einen Klebestift
- mehrere Mitspieler oder Mitspielerinnen

Schneide aus Zeitschriften und Prospekten Motive aus, die zusammenpassen, zum Beispiel:

- ein Auto und einen Autoreifen,
- einen Apfel und einen Apfelbaum,
- eine Hose und ein Kleid …

Schneide die Motive so zurecht, dass du sie gut auf die Kärtchen kleben kannst. Wenn du möchtest, kannst du jedes Kärtchen mit einem bunten Rähmchen verzieren. Dann wird wieder gemischt – und aufgedeckt!

Mitgemacht und mitgedacht!

BILDERGESCHICHTEN

Hast du schon einmal probiert, eine Geschichte ohne Worte zu erzählen?

Du brauchst:
- ein Blatt Papier
- ein Lineal
- Buntstifte

Unterteile das Papier mit dem Lineal in vier gleich große Teile. Überlege dir jetzt eine kurze Geschichte und merke dir die vier wichtigsten Dinge oder Situationen, die in dieser Geschichte vorkommen.

Male diese vier Dinge oder Situationen, die du dir für deine Geschichte ausgedacht hast, in die vier Felder. Schon ist deine Geschichte ohne Worte fertig!

SCHON GEWUSST? – DEIN QUIZSPIEL

Bist du vielleicht ein großer Dinosaurier-Fan und weißt alles über diese Tiere? Oder bist du ein Experte zum Thema Fußball? Nutze dein „Spezialgebiet“ und bastle dir selbst ein Quizspiel!

Du brauchst:

- gleich große Kärtchen, am besten aus Tonkarton, etwa 18 Zentimeter lang und zehn Zentimeter breit
- eine dünne Kordel
- einen Locher
- einen Stift

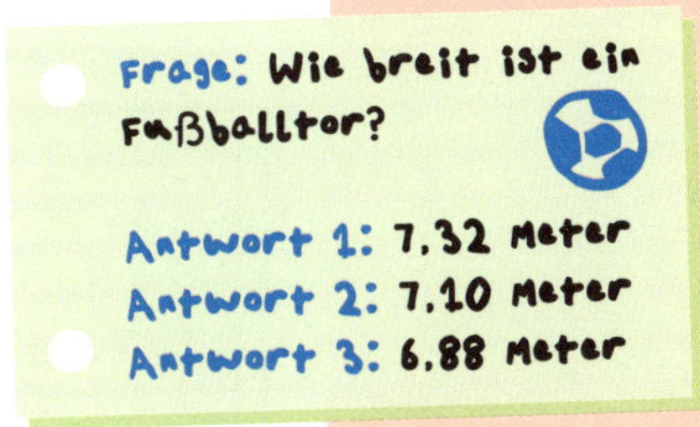

Lösung: Antwort 1

Denke dir einige Fragen aus, zu denen du die Antworten ganz genau weißt. Überlege dir dazu noch zwei falsche Antworten. Schreibe jeweils eine Frage auf ein Kärtchen, darunter die drei möglichen Antworten. Wenn du selbst noch nicht schreiben kannst, dann bitte Mama oder Papa, deine Fragen und Antworten aufzuschreiben. Wenn alle Kärtchen beschriftet sind, loche die Kärtchen am linken Rand. Lege alle Kärtchen Kante auf Kante übereinander und fädle die Kordel durch die Löcher. Jetzt musst du die Kordel nur noch verknoten, und fertig ist dein eigenes Quiz! Nun kommt das Schönste: Suche dir einen Mitspieler oder eine Mitspielerin und teste sein oder ihr Wissen!

HIER STIMMT DOCH ETWAS NICHT!

Lauras Vater hat den Keller aufgeräumt und Dinge, die zusammengehören, auf je ein Regalbrett gestellt oder gelegt. Er war aber wohl nicht so ganz bei der Sache: Auf jedem Brett befindet sich ein Gegenstand, der nicht zu den anderen Dingen auf demselben Brett gehört. Findest du die Gegenstände?

Die Lösung findest du auf Seite 63.

WAS KOMMT ZUERST?

Du weißt das sicher schon: Bevor man einen Kuchen backen kann, muss man zunächst den Teig zubereiten. Und bevor du ein Kleidungsstück tragen kannst, muss es zuerst hergestellt werden. Bei den folgenden Abläufen ist aber etwas durcheinander geraten. Nummeriere die einzelnen Bilder mit den Ziffern 1 bis 4 so, dass die Reihenfolge wieder stimmt!

Hast du alles gewusst?

Denke dir weitere Abläufe aus, die immer in der gleichen Reihenfolge stattfinden, und male eigene Bilder auf ein Blatt Papier!

Die Lösung findest du auf Seite 63.

VON ZAHL ZU ZAHL!

Du brauchst:

- einen Bleistift
- Buntstifte

Lenny war auf dem Markt und hat eingekauft. Doch was hat er mitgebracht?
Vervollständige die Bilder mit einem Bleistift!
Wenn du magst, kannst du sie anschließend noch ausmalen!

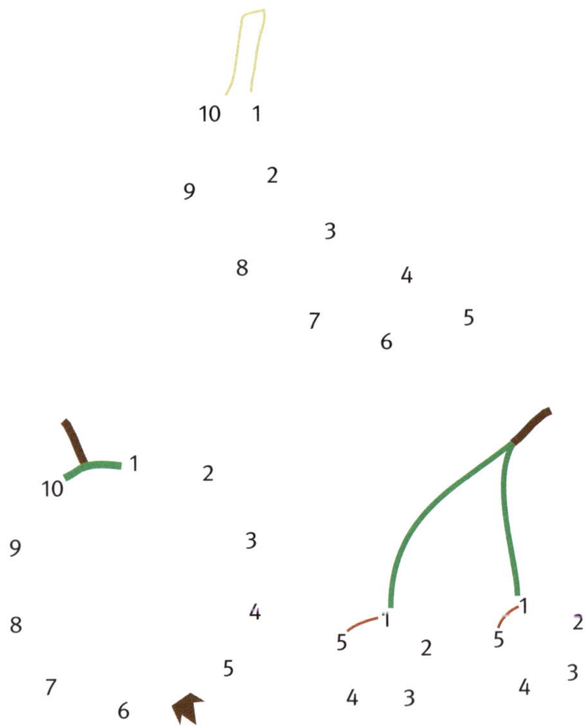

WAS FEHLT DENN DA?

Du brauchst:
- einen Bleistift
- Buntstifte

Auch Mia war auf dem Markt und hat eingekauft. Aber was hat sie mitgebracht? Vervollständige die Bilder spiegelbildlich mit einem Bleistift. Male die Bilder aus, wenn du damit fertig bist.

LÖSUNGEN

Seite 20, zweite Frage

Seite 21

Seite 22

Seite 23

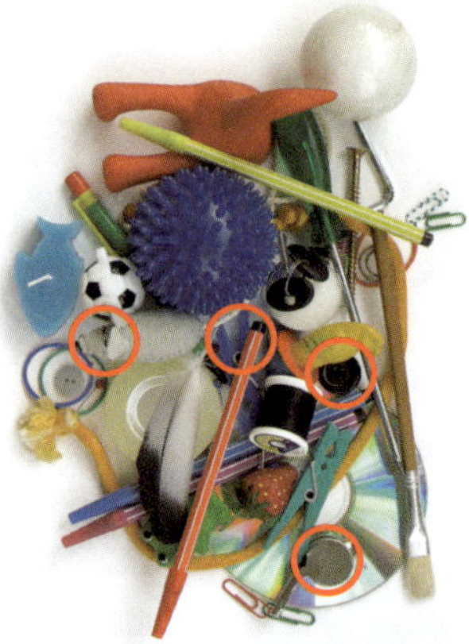

Seite 42

Seite 43

Seite 51

  See – Klee

  Wal – Schal

  Haus – Maus

Seite 58

Seite 59

Fotos:
Titel: stockbyte
Banana Stock: S. 4, 12, 26, 31, 44, U4; Kita, Petra: S. 23; Photodisc: S. 9

Illustrationen:
Sigrid Leberer

Projektleitung: Susanne Lesaar
Lektorat: Claudia Fahlbusch
Grafik: Petra Kita, Stuttgart
Repro: POINT prepress, Stuttgart
Druck und Bindung: J. P. Himmer GmbH & Co. KG, Augsburg

ISBN 3-12-920247-1